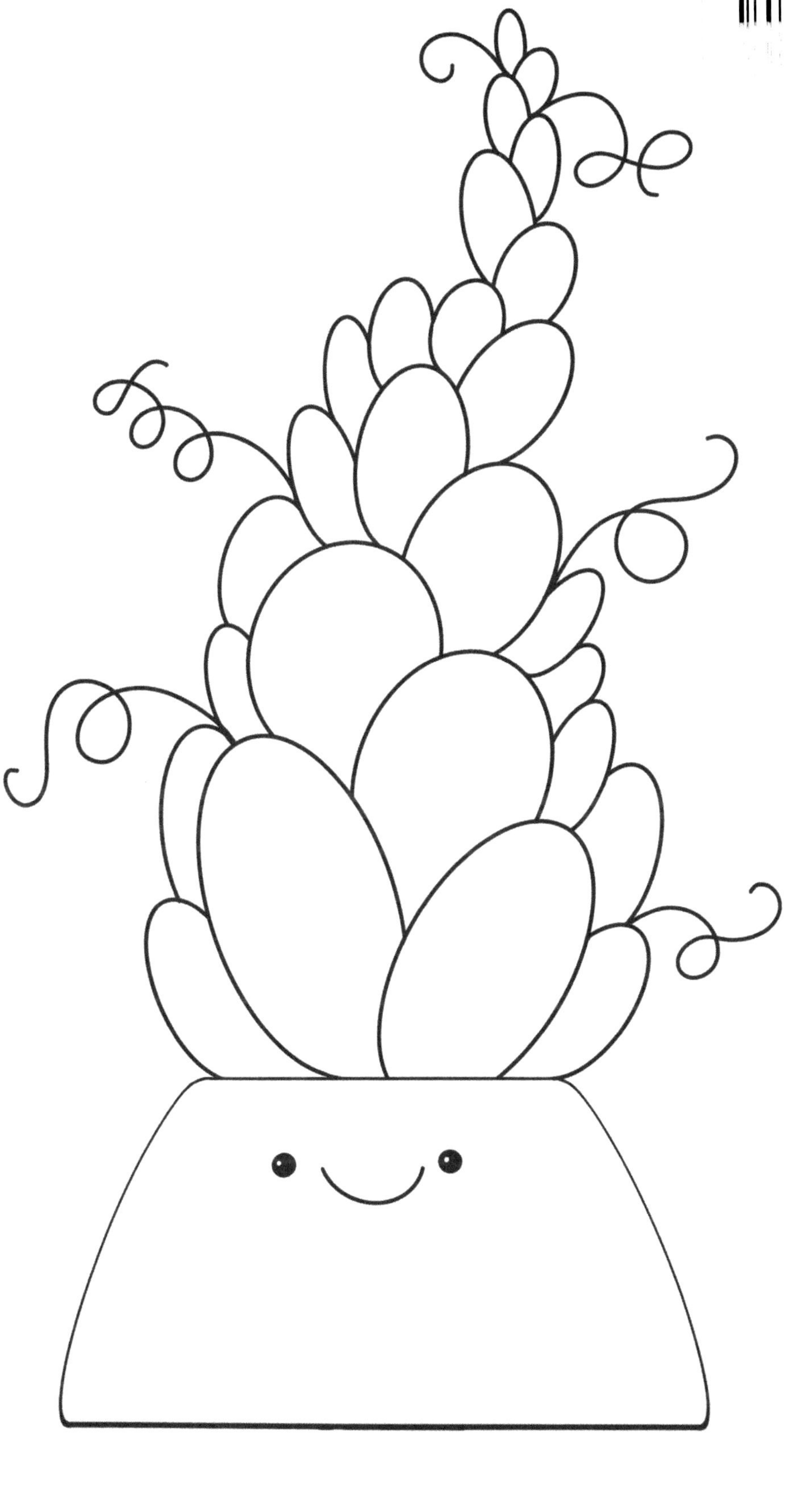

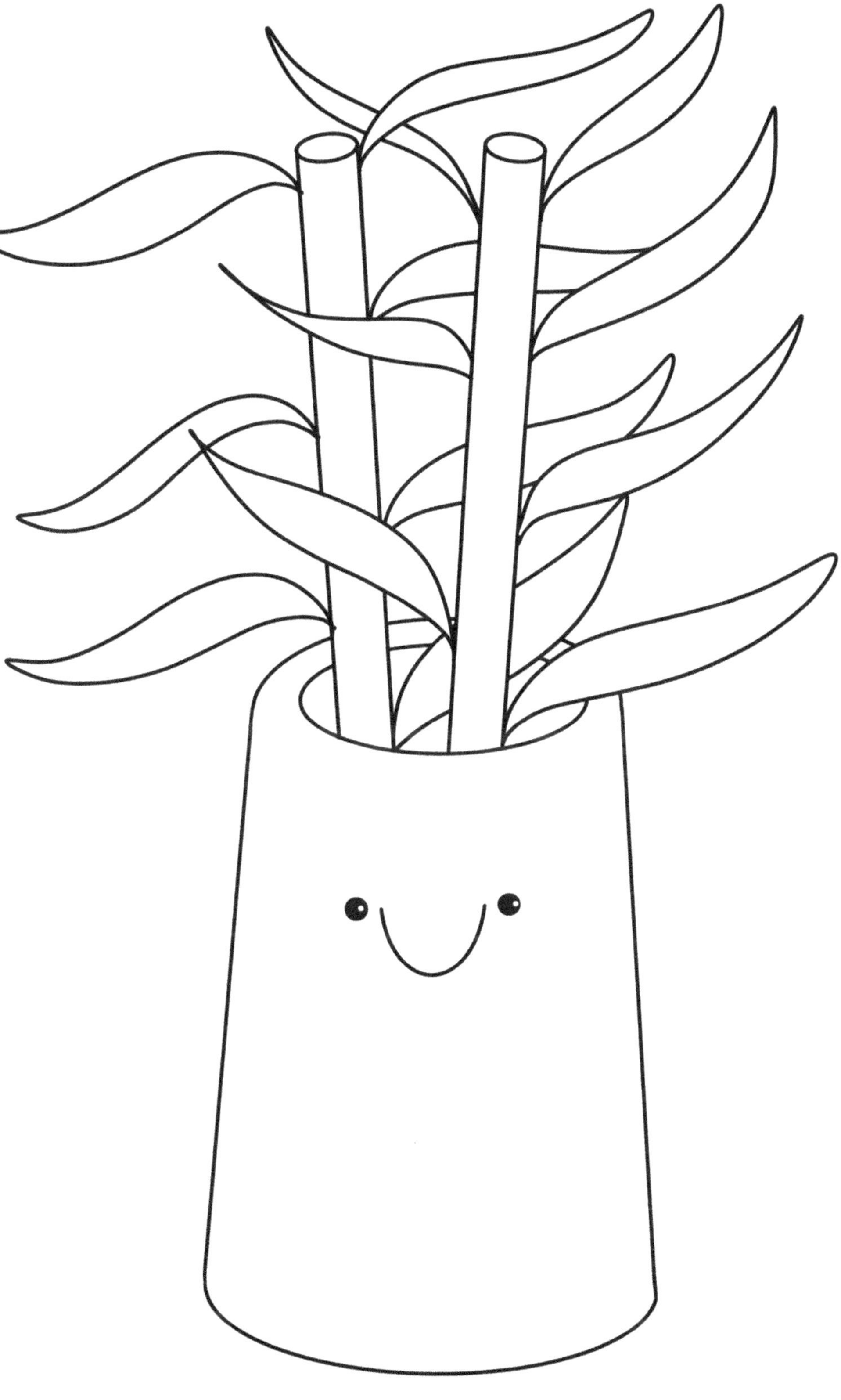

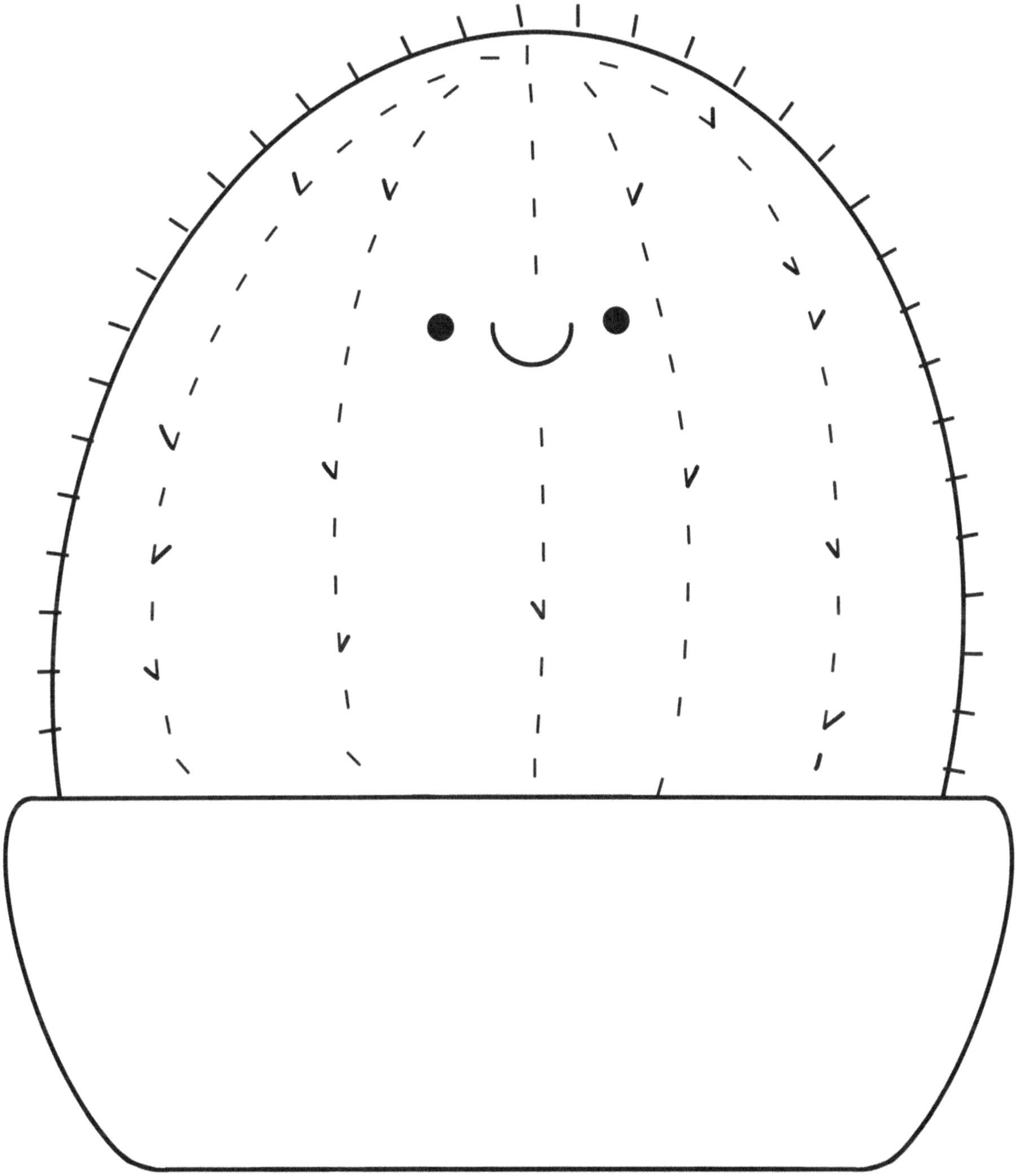

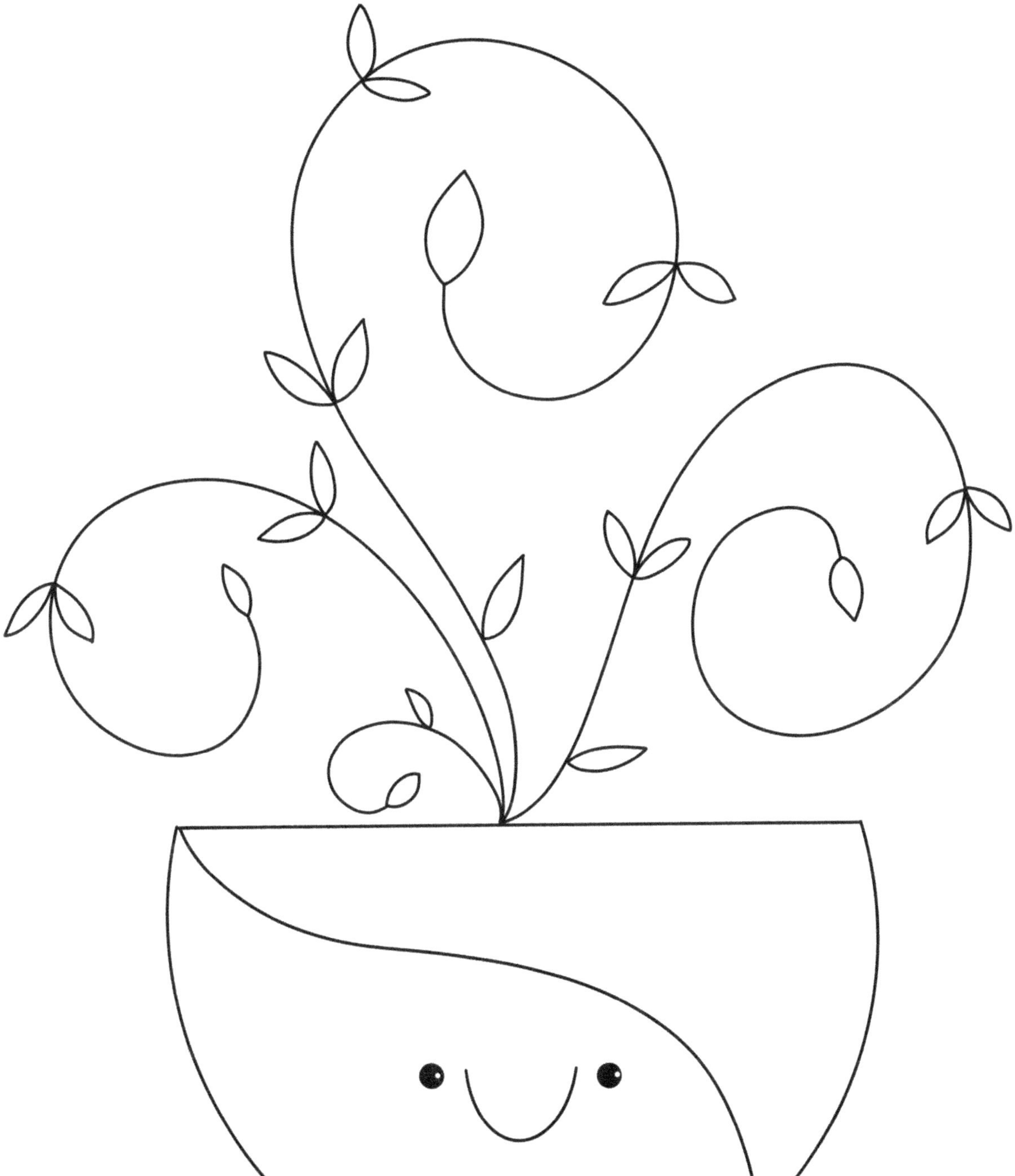

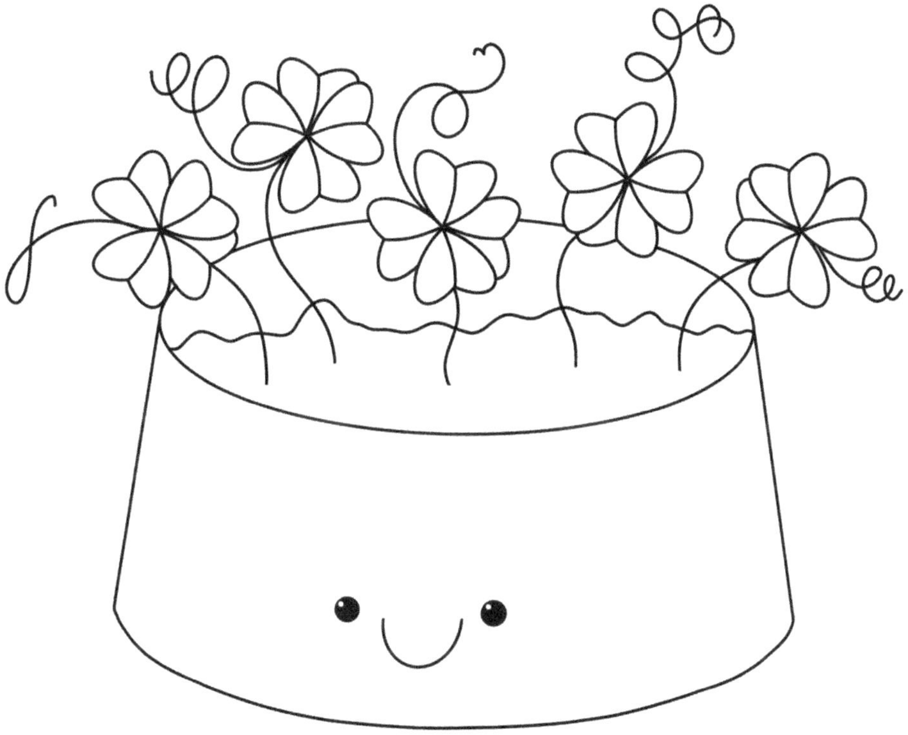

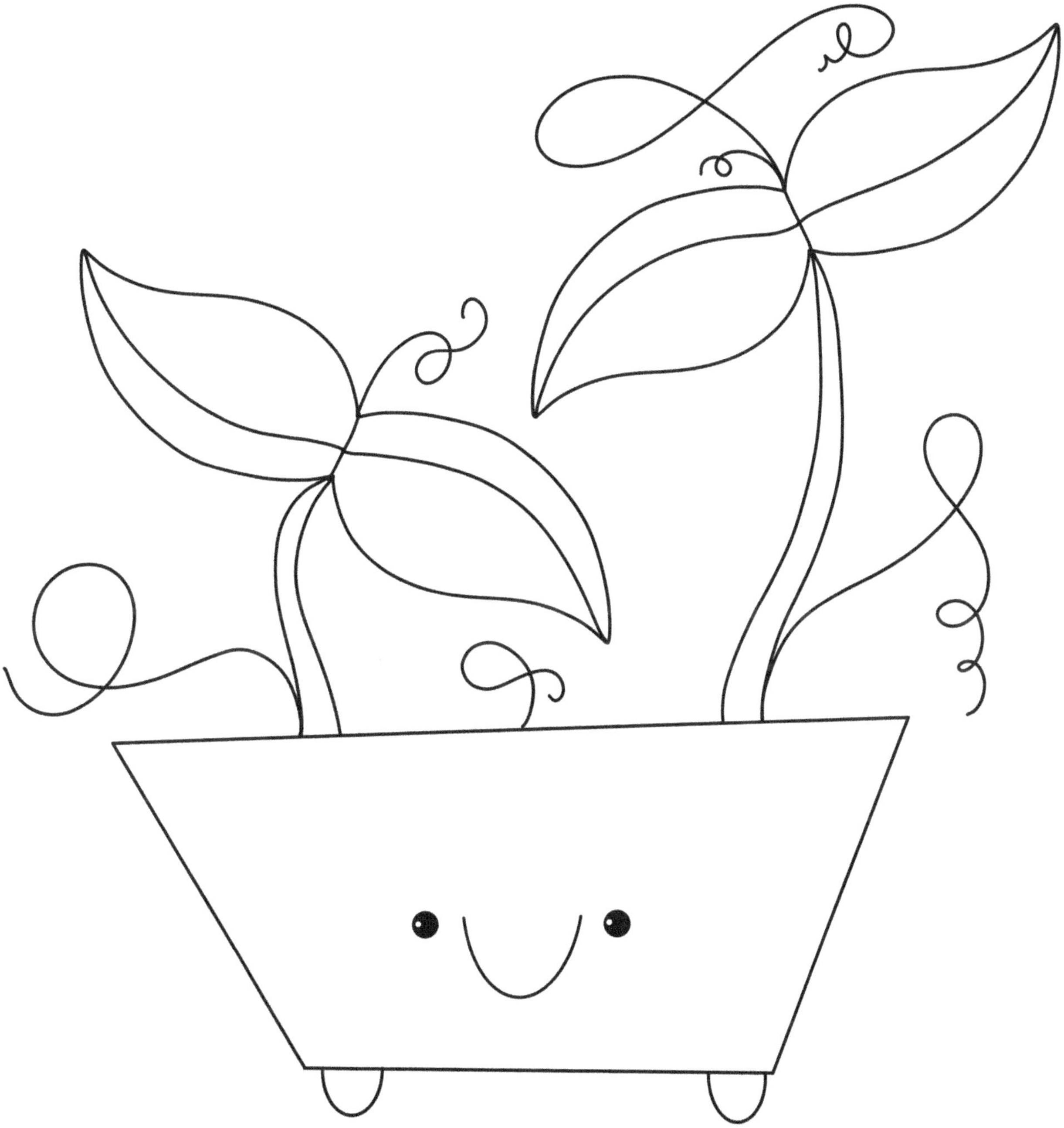

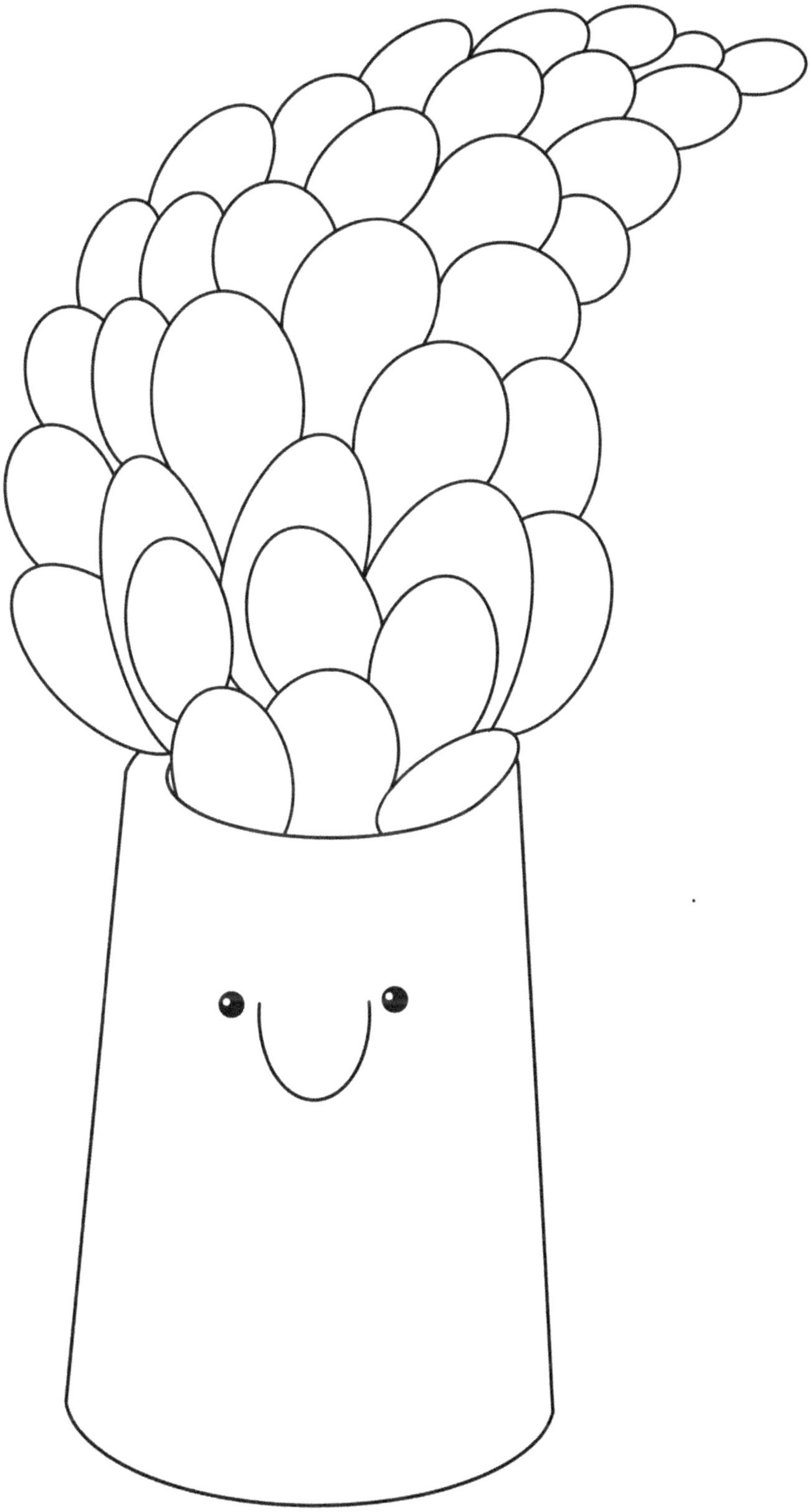

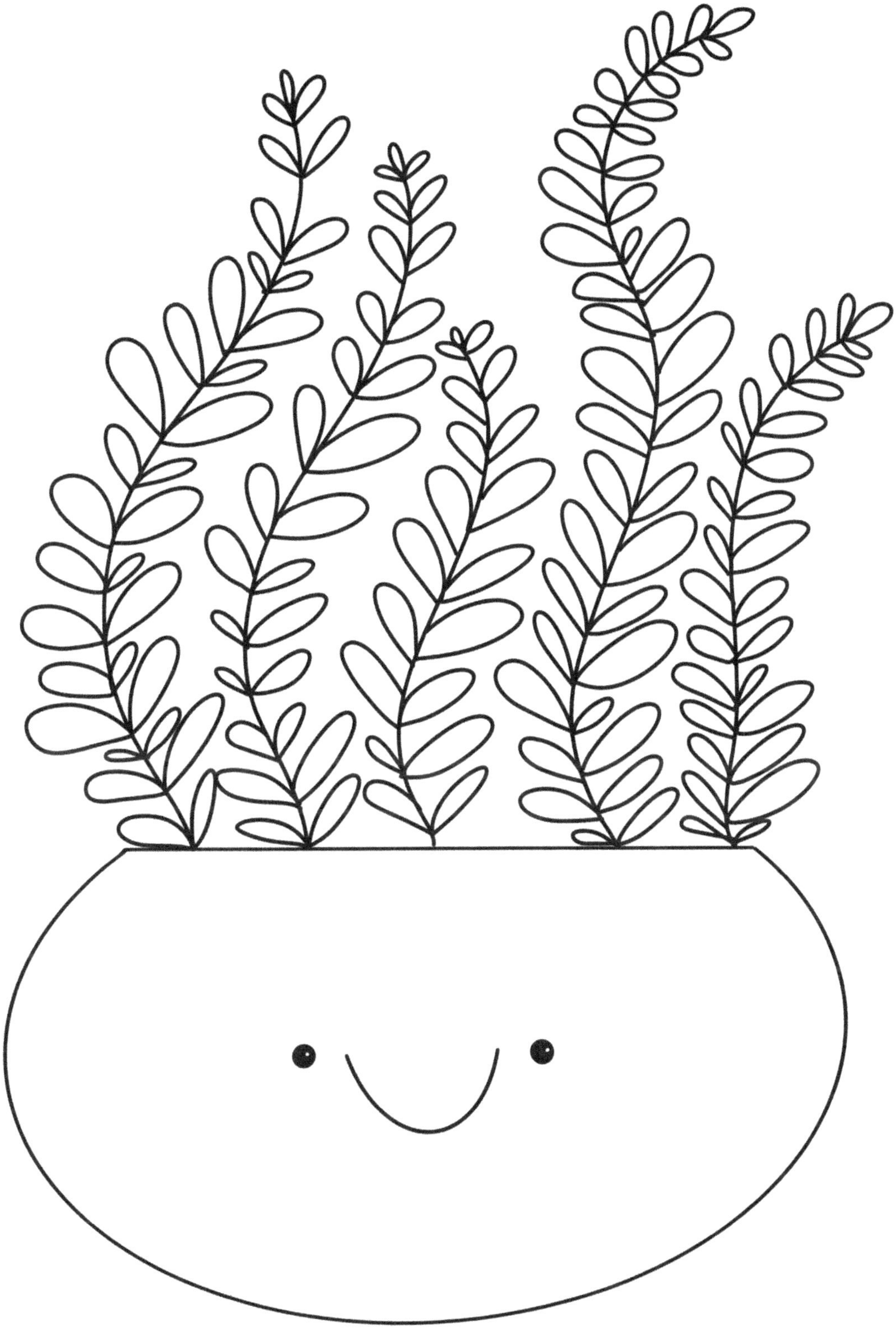

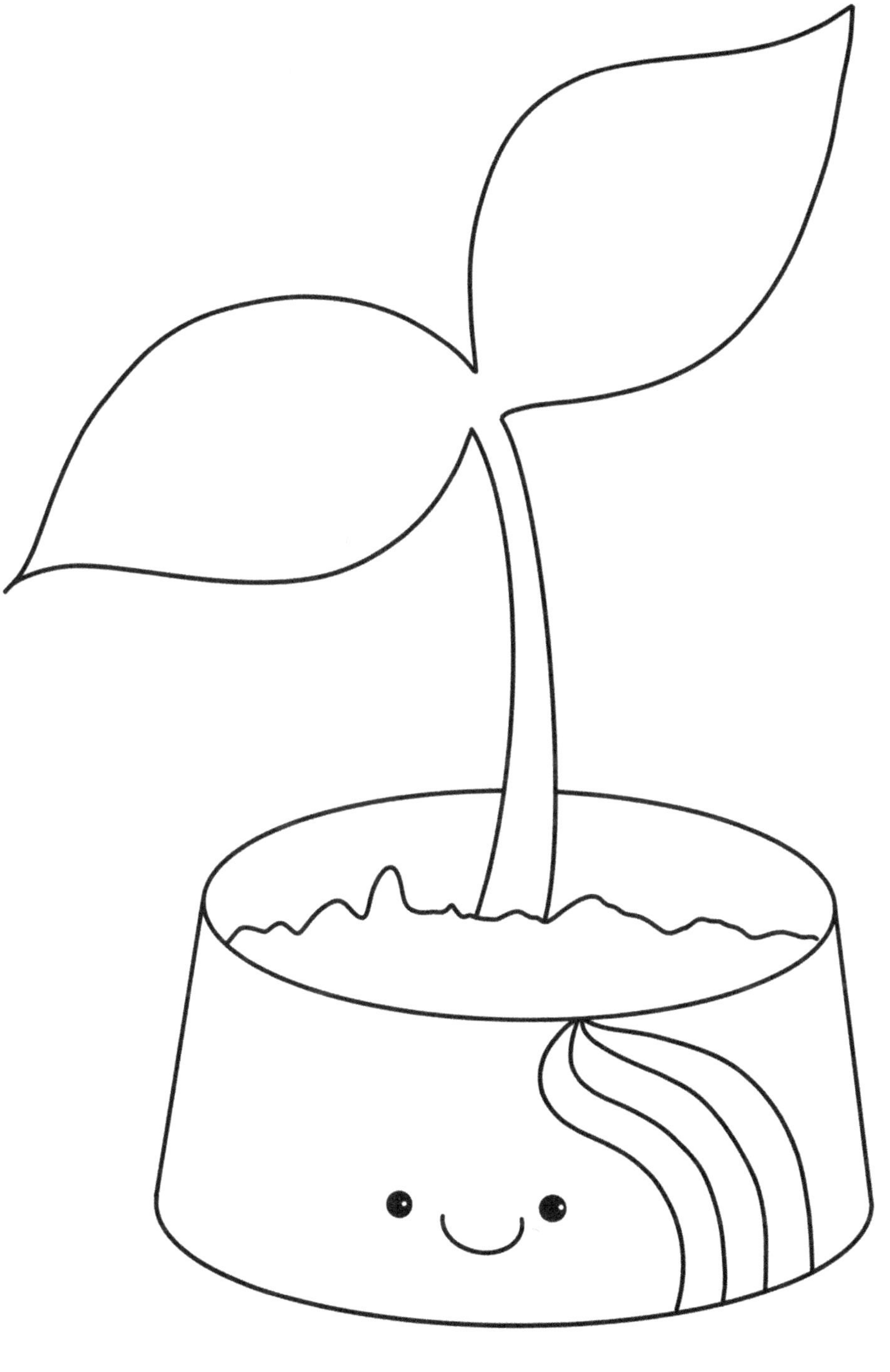

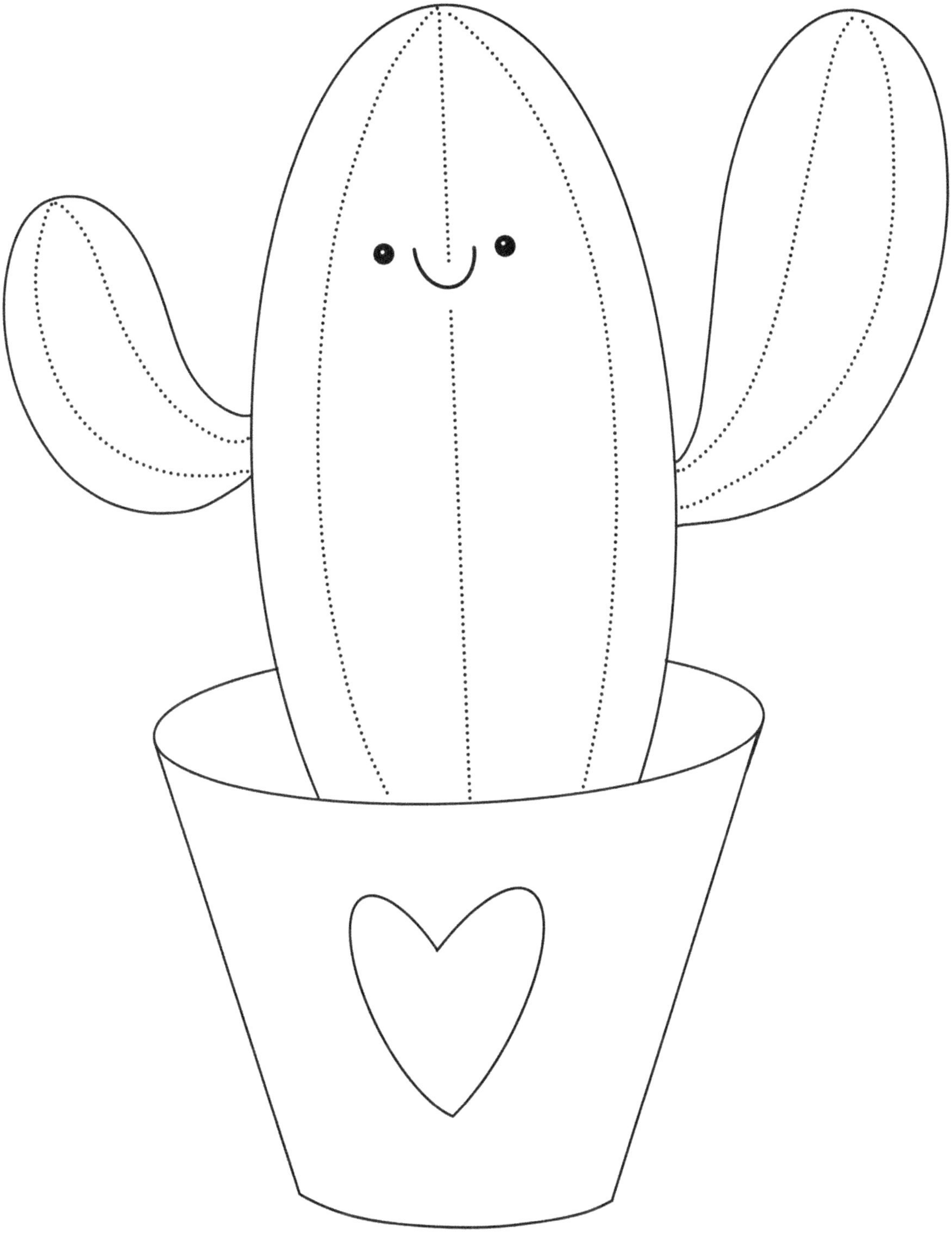

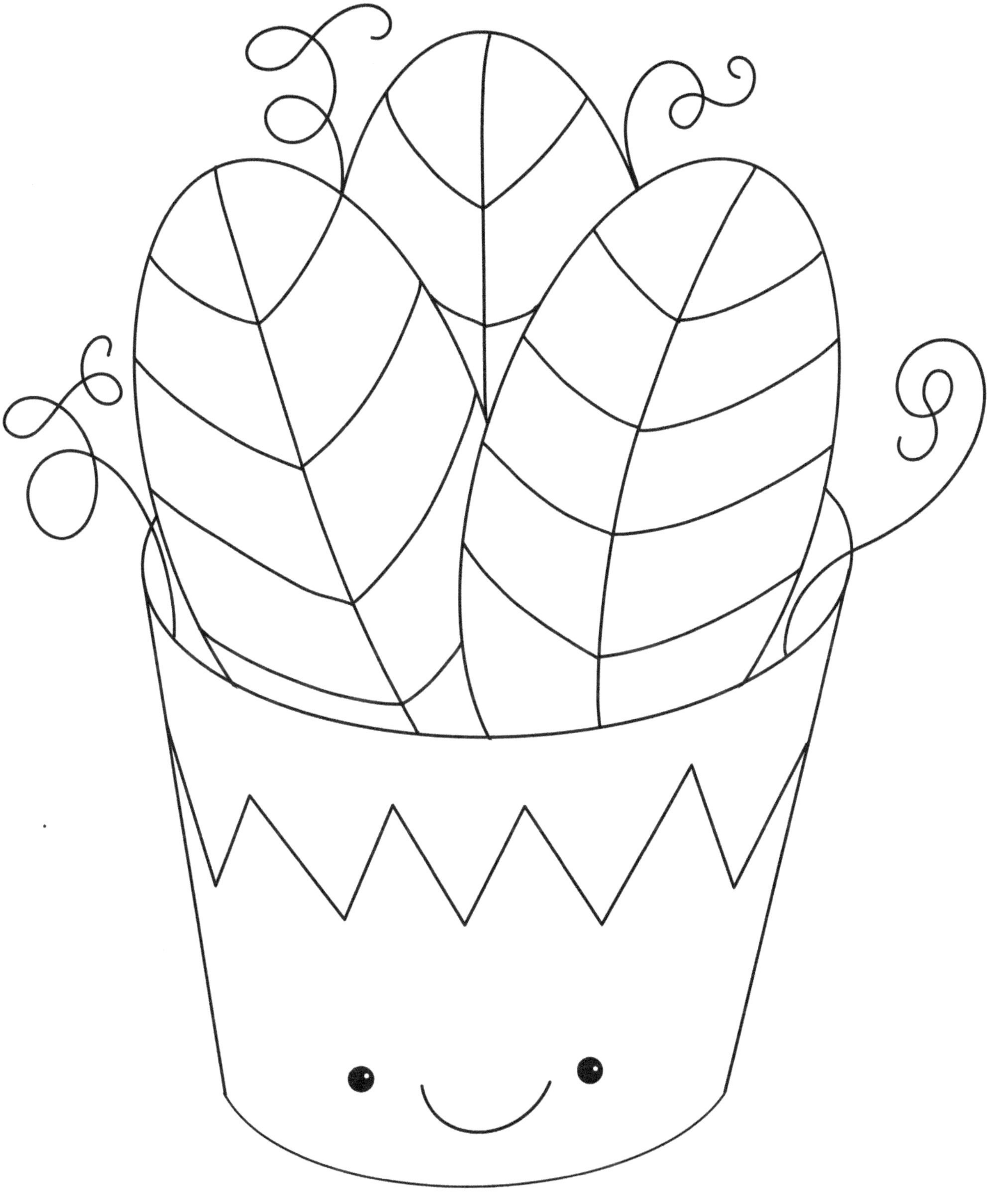

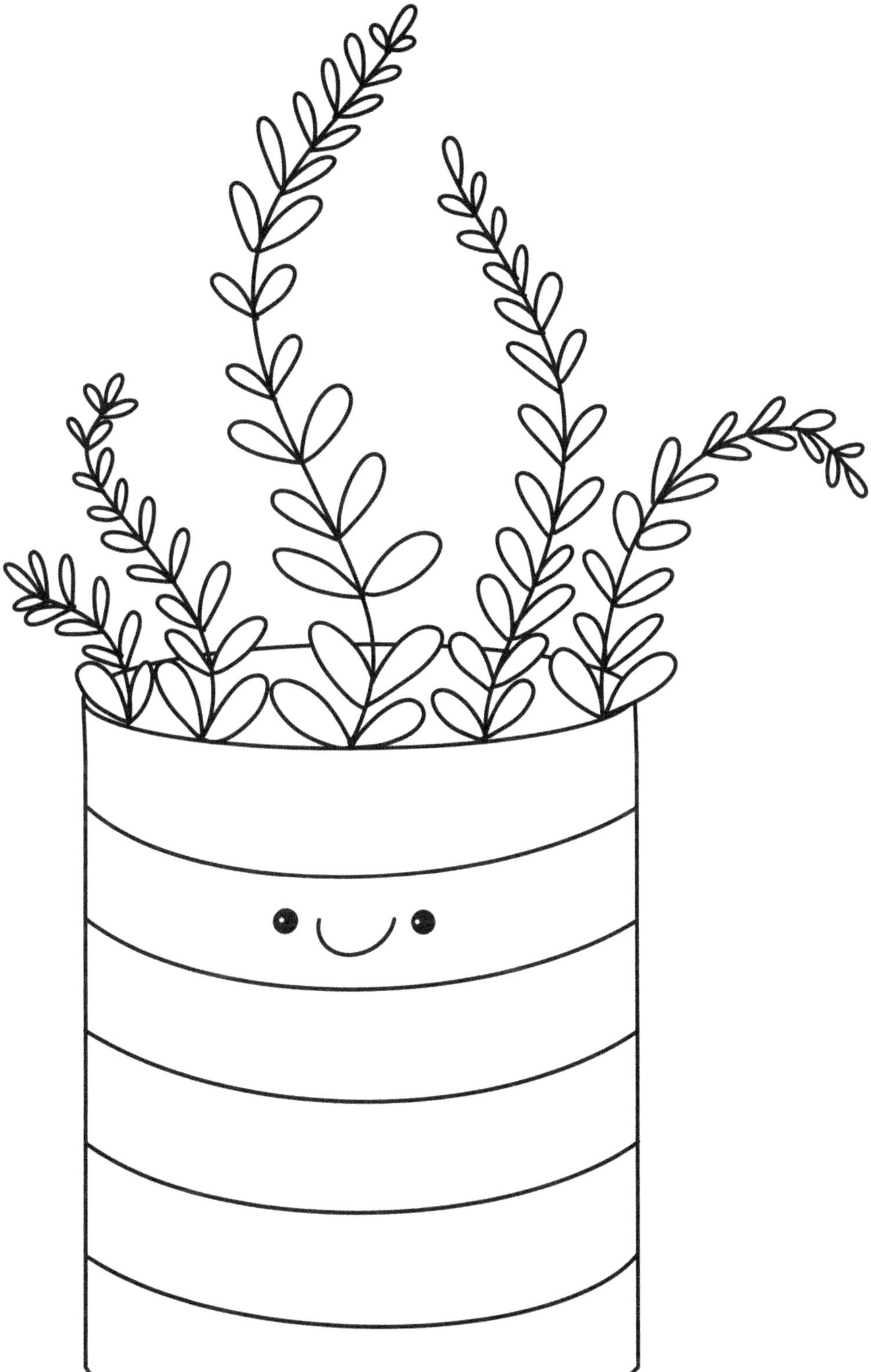

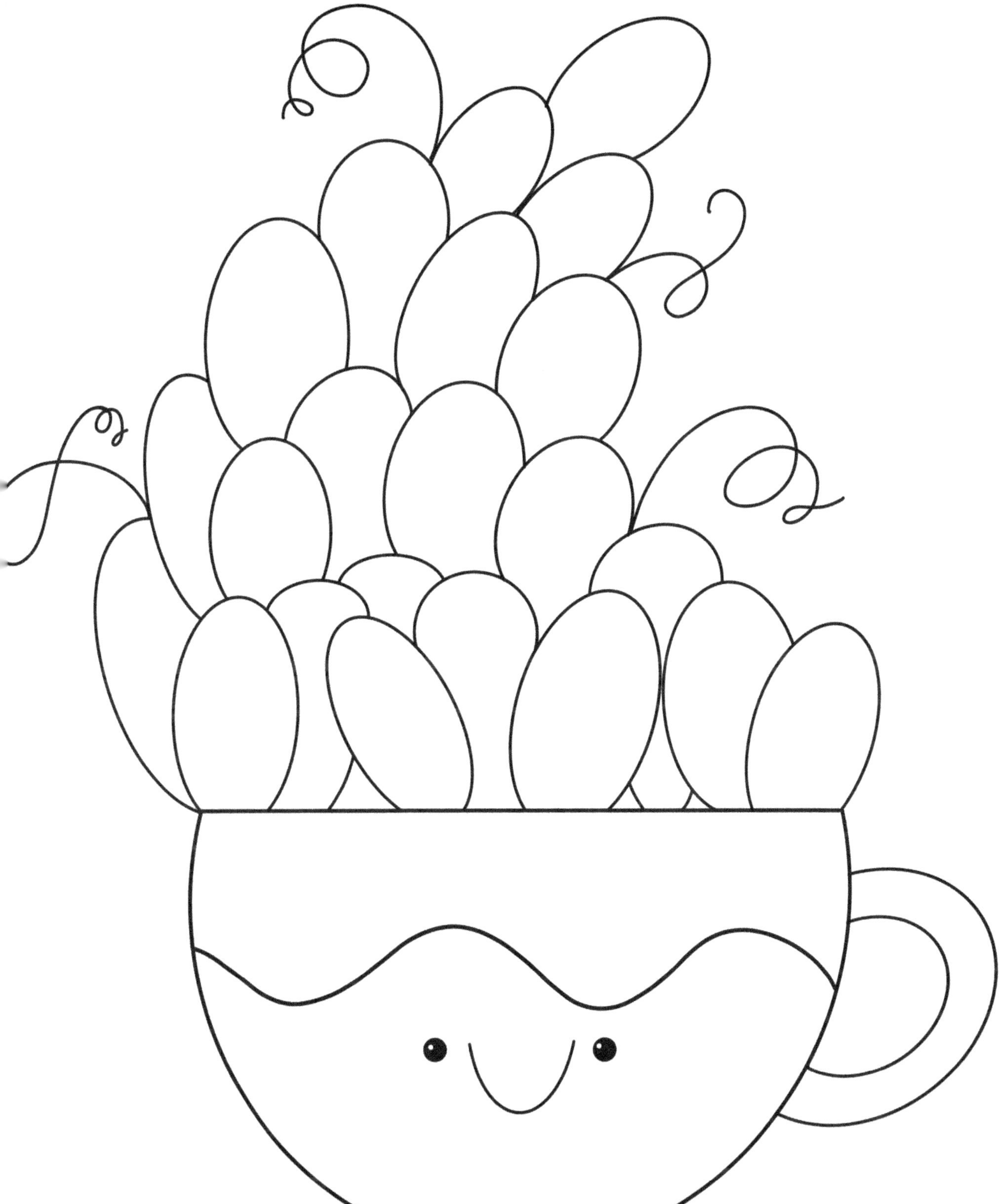

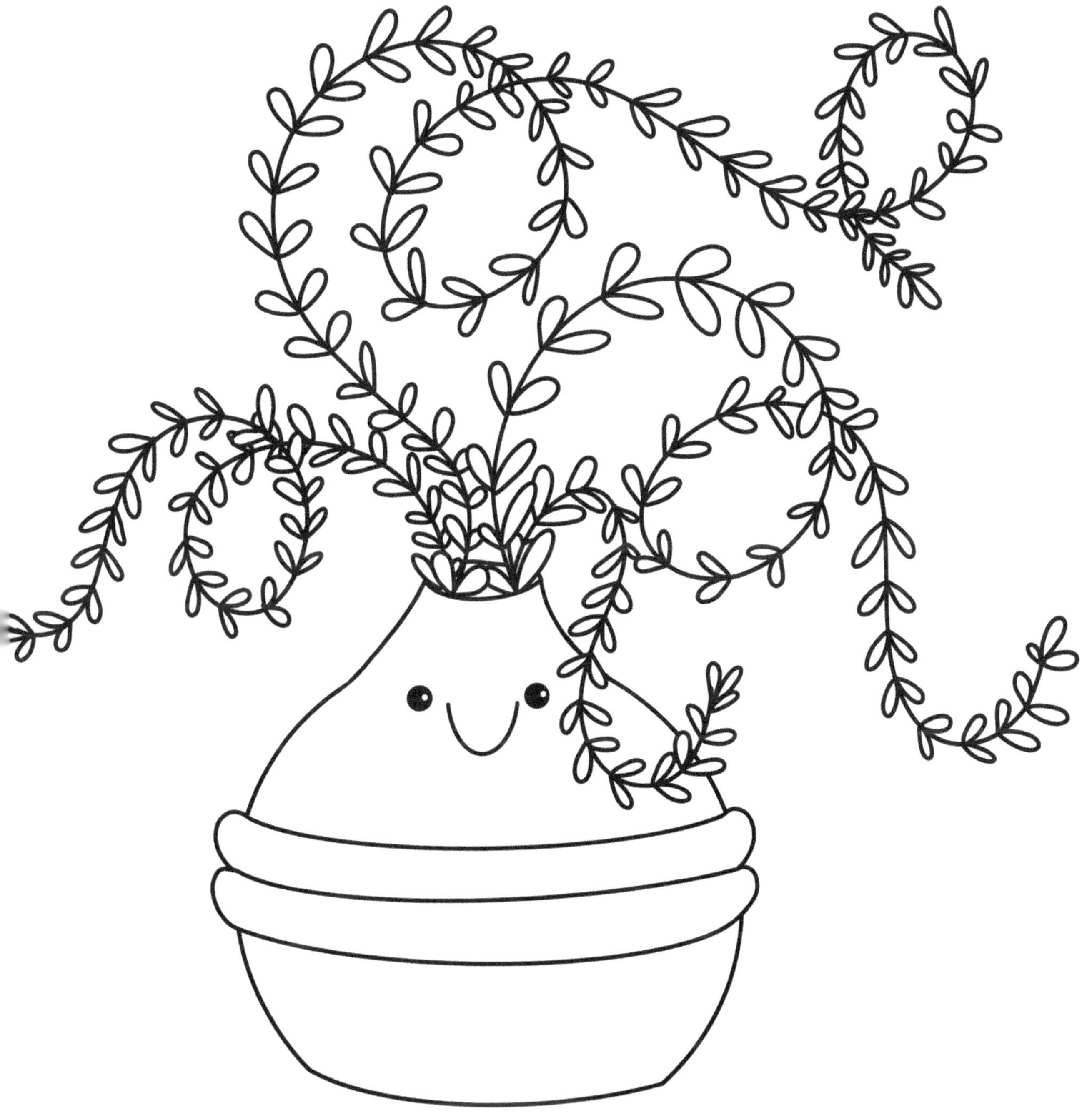

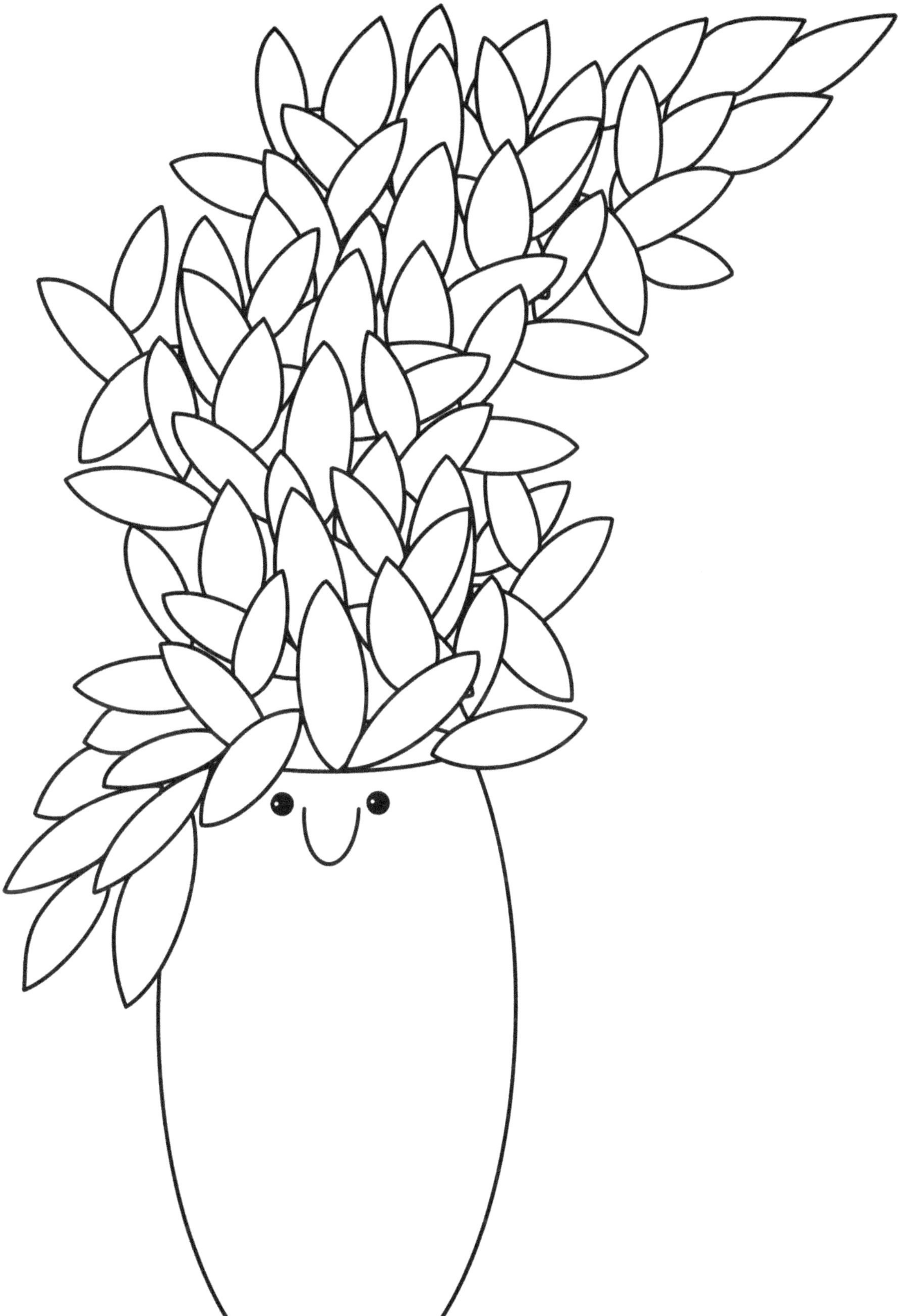

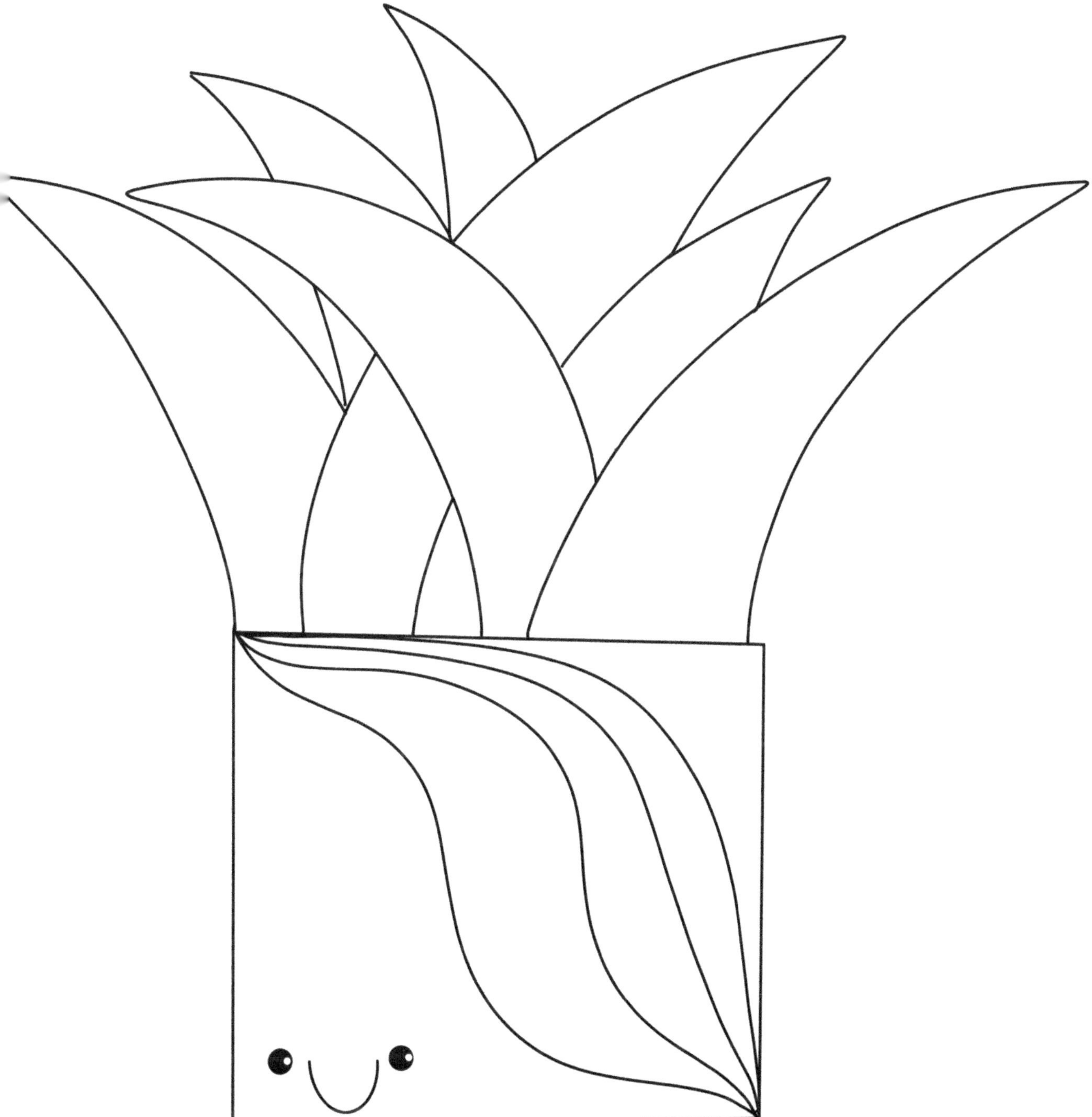

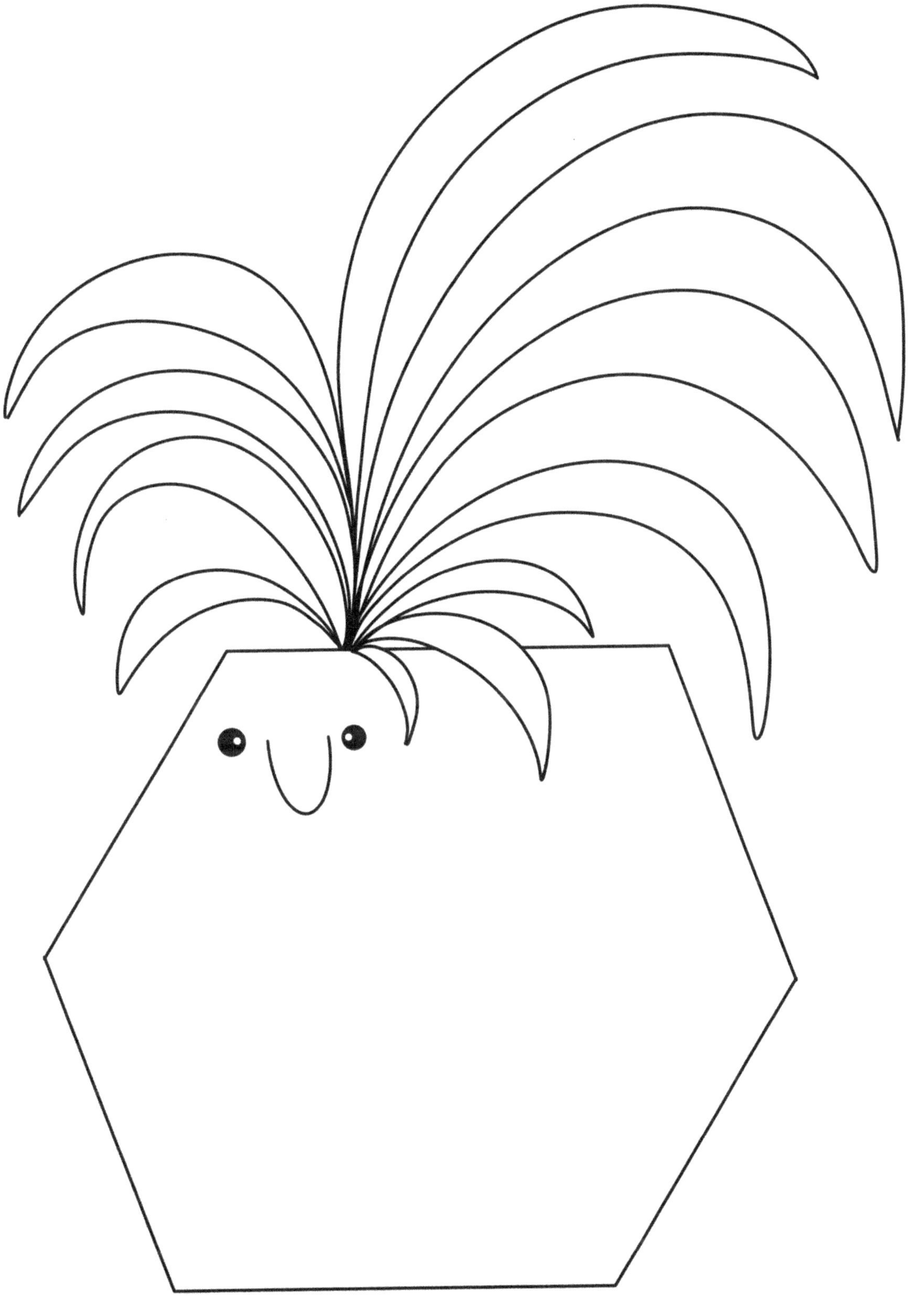

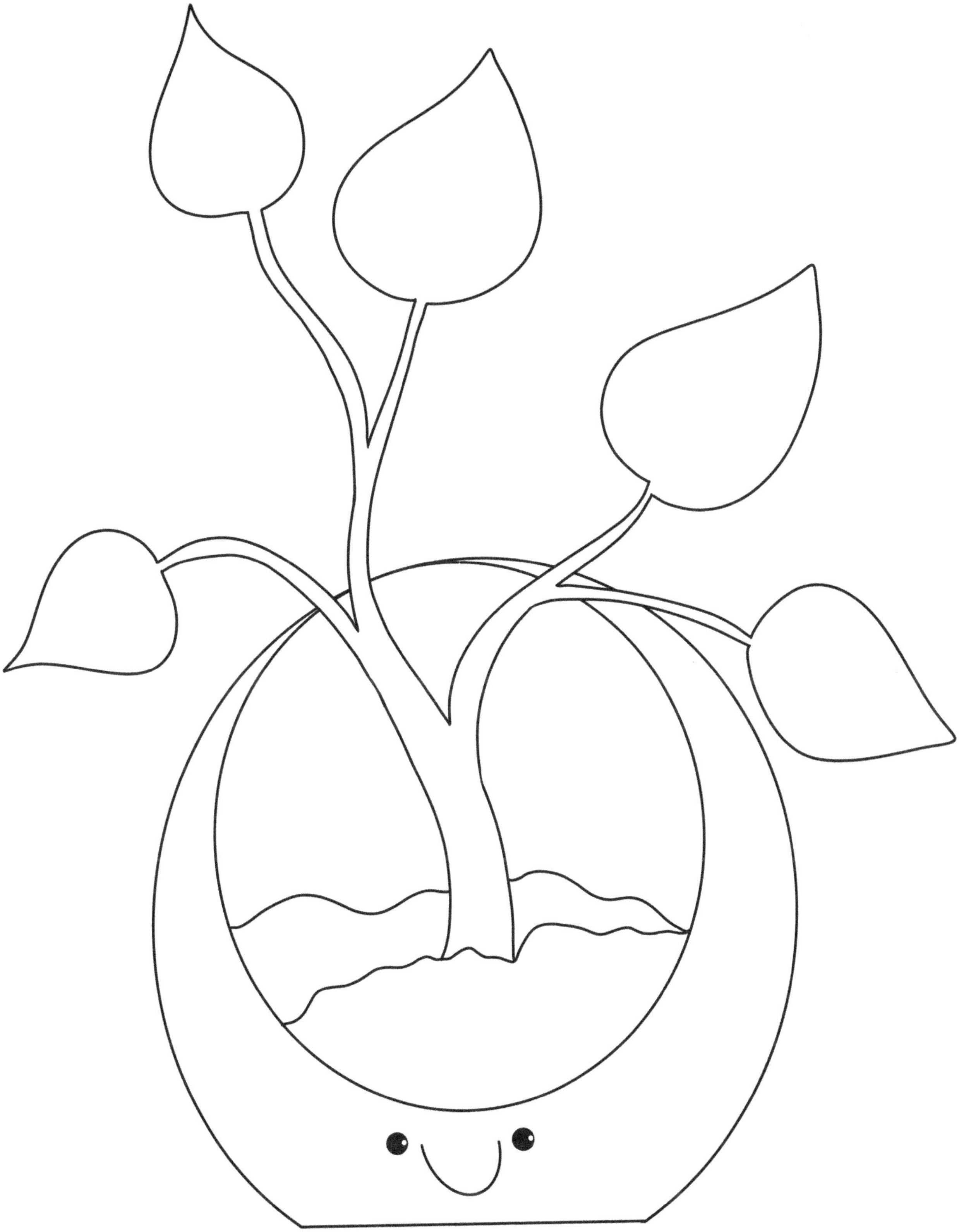

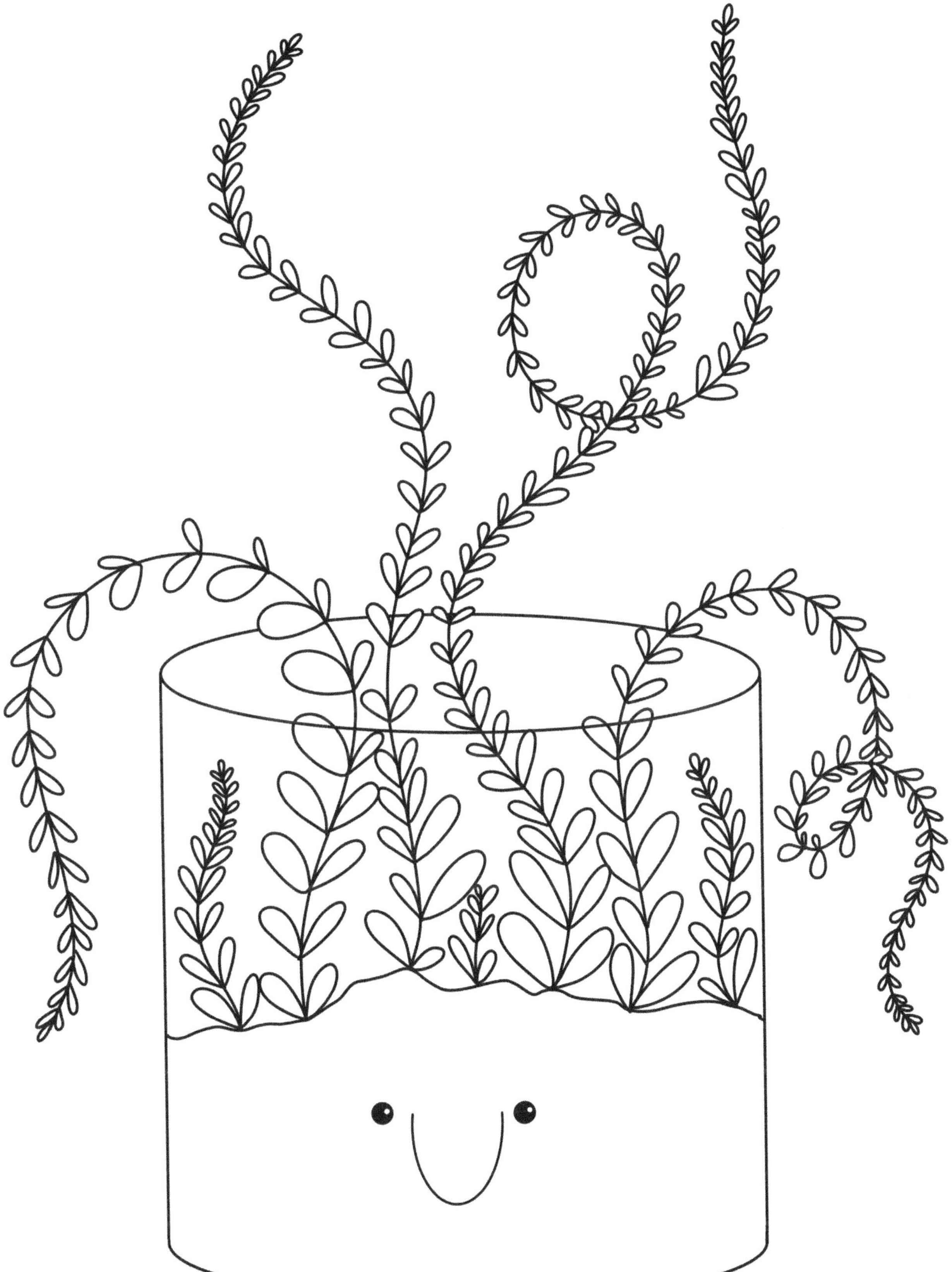

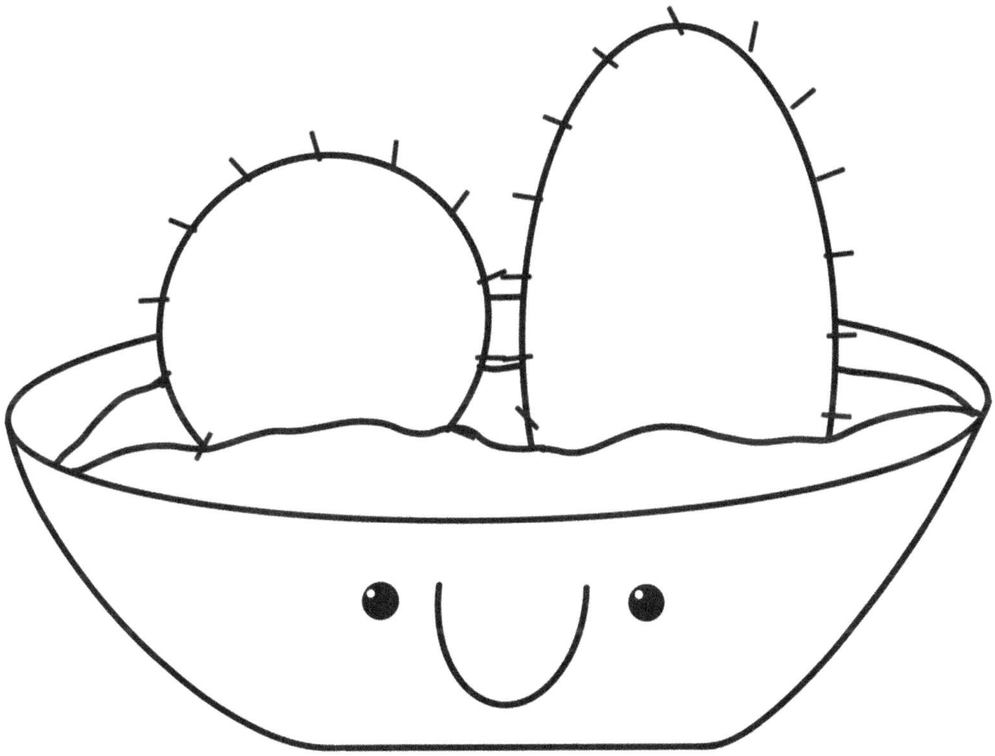

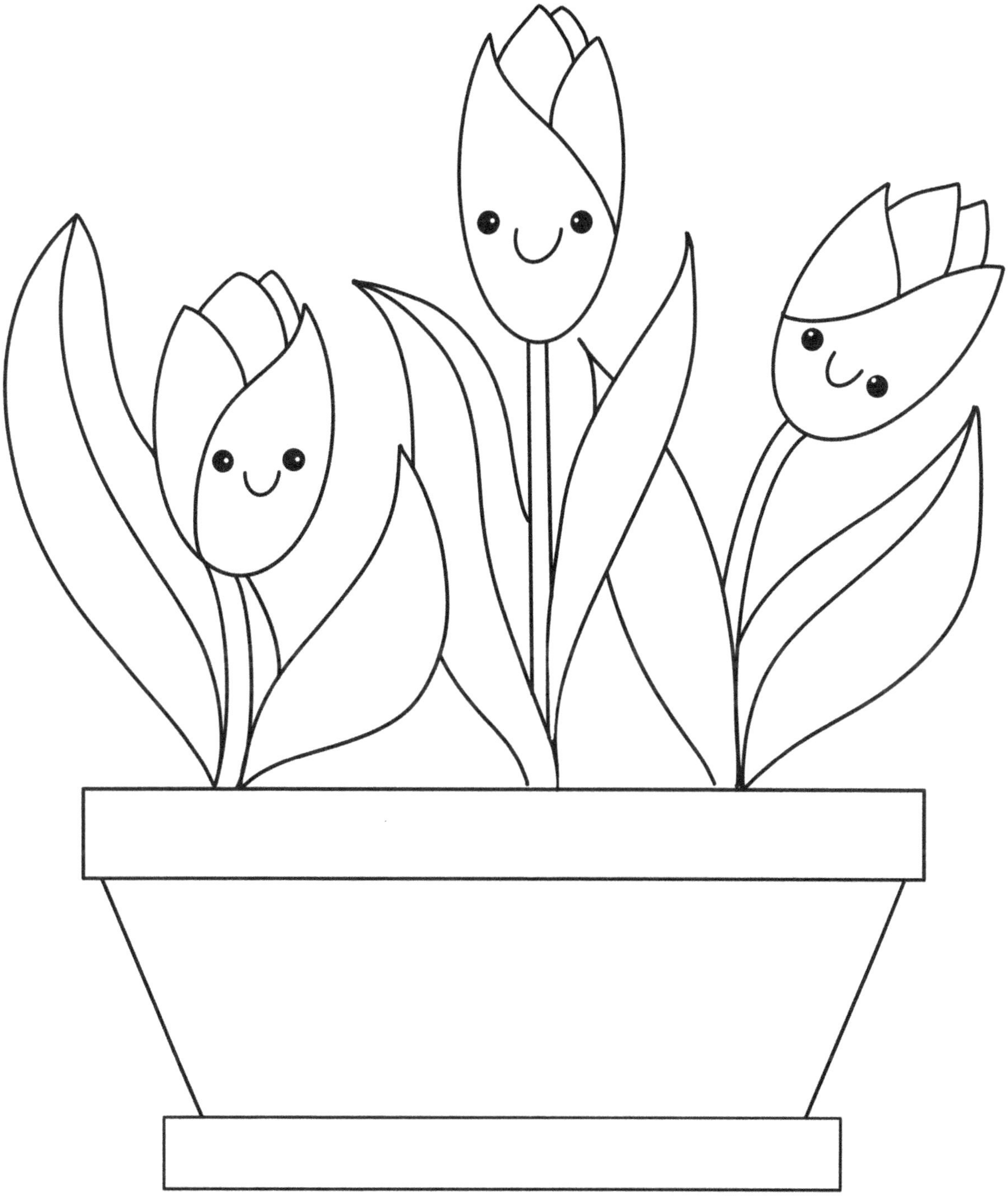

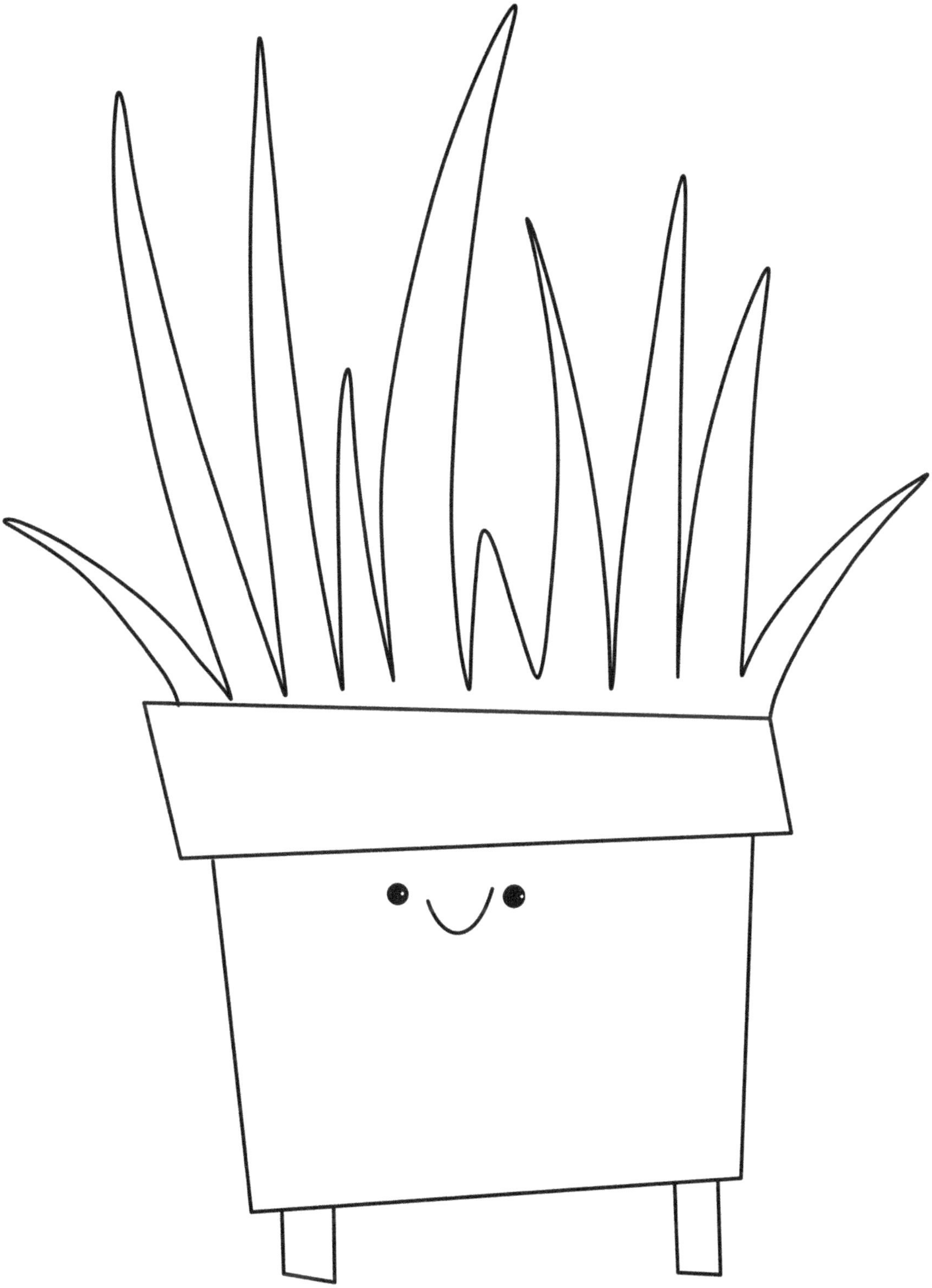

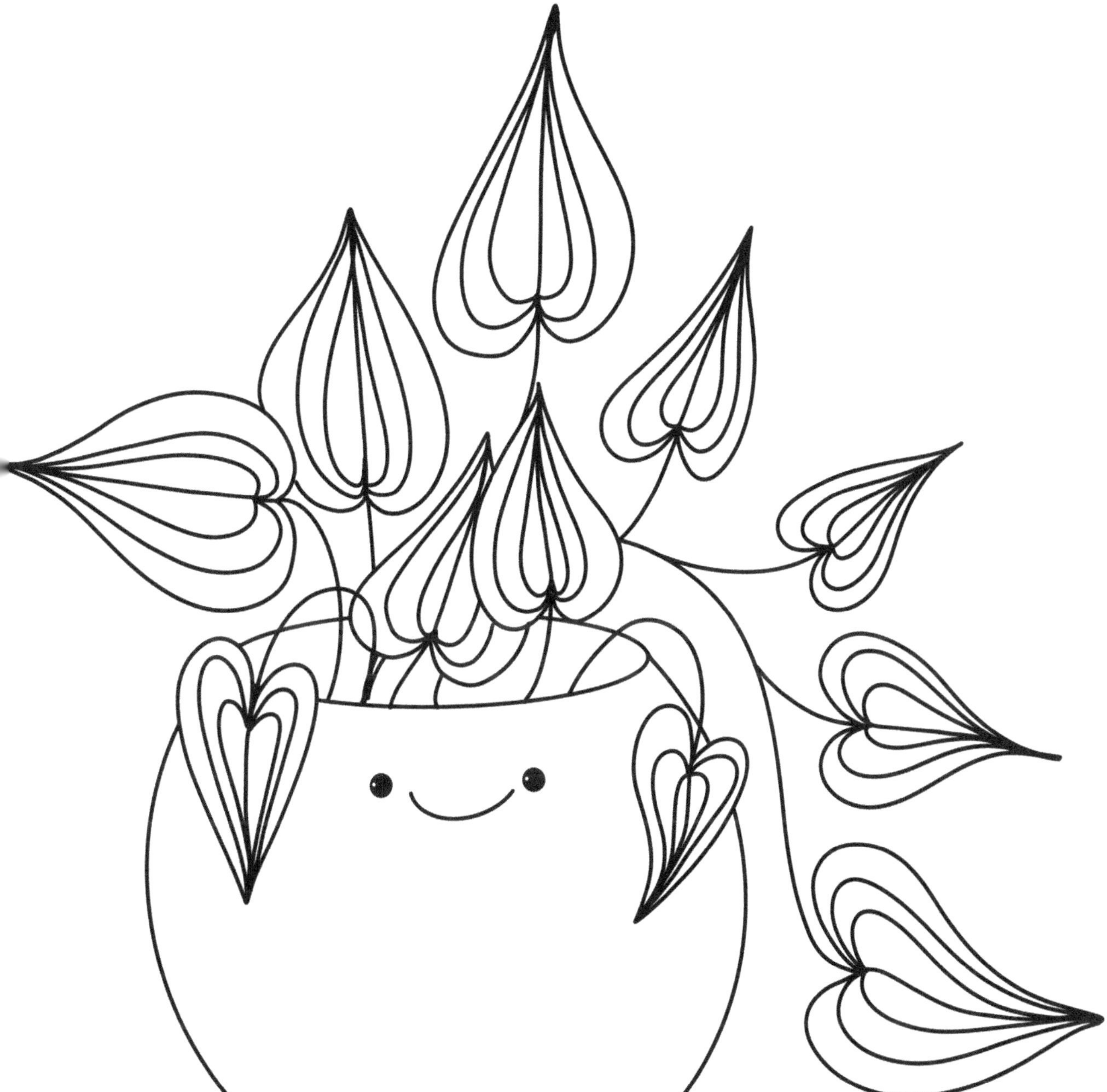

www.ingramcontent.com/pod-product-compliance
Lightning Source LLC
Chambersburg PA
CBHW082257220526
45469CB00009B/3038
* 9 7 8 1 7 3 2 3 6 8 9 3 4 *